今を、そして未来を生きる人たちへ贈る30の言葉

クッパ72

文芸社

私たち人間は
一瞬のうちに神にも鬼にもなる
鬼の心を出さないで
いつでもどこでもどんな状況でも
神の心を保つように

どんなに苦しくても悲しくても
絶対に自殺をしてはいけない
なぜなら私たち人間は　この世に
修行をする為に生まれてきたのだから
それを途中で放棄した者は
あの世で地獄の鬼にもっと苦しめられる

私たち人間は　この世に
誰一人として
自ら進んで生まれた者はいない
生まれたことを感謝しつつ
与えられた境遇の中で
どう生きるかは
自分の責任　である

自分の命は
自分一人だけの
ものではない

危機管理能力を
身につけるということは
いたって地味なものだ
しかしぼんやりとでも
シミュレーションをしていると
必ず役に立つ時がある

絶えず万が一の場合を考えておくことだ
余裕のある時に準備をしておくのだ

そうすれば

たとえ最悪のことが起きたとしても
うろたえることはない

魔が差すという言葉がある
ちょっとした油断や好き魔が
取り返しのつかないことになる
私たち人間は　お互いに
色と欲には
特に気をつけなければいけない

起きて半畳
寝て一畳
欲の深さに
きりはなし

大切なこと

謙虚

礼節

敬い

感謝

いらぬもの

傲慢

横柄

高姿勢

白か黒か灰色か
善か悪か日和見か
平和か戦争か無関心か
私たち人間は誰にでも平等に
三つの心が与えられた
どう使おうと本人の自由であるし
一瞬のうちに変えることもできる

私たち人間は　心でもって
平和な日常生活を営んでいる
世の中のいろんな争いや、殺傷、戦争は
すべて一人ひとりの
悪、欲、ねたみ、うらみ等の
悪想念から生じている

スズメはハトにもなれないし
モズにもなれない
持って生まれた姿で
精一杯　生きるのだ

明るく
朗らかに
生き生きと

私たち人間は生まれる時に
身体と魂が与えられる
身体は選ぶことはできないが
魂は成長させることができる

どんなことでも賛否両論は必ずある
大事なことは
どちらかの道を進んで行った時に
これはどうもおかしいと思ったら
「過ちて則ち改むるに憚ること勿れ」を
実践することである

今年も桜が咲いた　やがて散っていく
たくさんの花びらは　どこへ行くのか
自然に還っていくのだ
私たち人間も
自然の中で生かされていることを
思い起こさなければいけない

郵便はがき

料金受取人払郵便

新宿局承認

4946

差出有効期間
平成31年7月
31日まで
(切手不要)

160-8791

843

東京都新宿区新宿1－10－1

(株)文芸社

愛読者カード係 行

ふりがな お名前			明治　大正 昭和　平成　　年生　　歳
ふりがな ご住所	□□□-□□□□		性別 男・女
お電話 番　号	(書籍ご注文の際に必要です)	ご職業	
E-mail			
ご購読雑誌(複数可)		ご購読新聞 　　　　新聞	

最近読んでおもしろかった本や今後、とりあげてほしいテーマをお教えください。

ご自分の研究成果や経験、お考え等を出版してみたいというお気持ちはありますか。

ある　　ない　　内容・テーマ(　　　　　　　　　　　　)

現在完成した作品をお持ちですか。

ある　　ない　　ジャンル・原稿量(　　　　　　　　　　　　)

書　名			
お買上 書　店	都道　　　　市区 府県　　　　郡	書店名	書店
		ご購入日	年　　月　　日

本書をどこでお知りになりましたか?

1.書店店頭　2.知人にすすめられて　3.インターネット(サイト名　　　　　　)

4.DMハガキ　5.広告、記事を見て(新聞、雑誌名　　　　　　)

上の質問に関連して、ご購入の決め手となったのは?

1.タイトル　2.著者　3.内容　4.カバーデザイン　5.帯

その他ご自由にお書きください。

(　　　　　　　　　　　　　　　　)

本書についてのご意見、ご感想をお聞かせください。

①内容について

②カバー、タイトル、帯について

弊社Webサイトからもご意見、ご感想をお寄せいただけます。

ご協力ありがとうございました。

※お寄せいただいたご意見、ご感想は新聞広告等で匿名にて使わせていただくことがあります。

※お客様の個人情報は、小社からの連絡のみに使用します。社外に提供することは一切ありません。

■書籍のご注文は、お近くの書店または、ブックサービス(0120-29-9625)、セブンネットショッピング(http://7net.omni7.jp/)にお申し込み下さい。

すばらしい景色を写す時
それをバックにして
人間を写さなければ
景色だけでは
プロの写真家にはかなわない

家族というものは
何も話をしなくても
姿を見るだけで
励ましになったり
癒やしになったりするものだ

山を登るのに
選手交代というのはない
どんなにつらくても諦めずに
一歩ずつ
ゆっくり進んで行けばいい

私たち人間は
病気になって初めて
健康のありがたさを知る
謙虚な気持ちで受けとめて
今までの反省と
感謝の心を忘れずに

時代という
姿かたちが変わっても
守り通さなければならない
ものがある

終着駅は始発駅
すぐれた作品は
読み終わった後から
新しい物語が始まる

私たち人間は

何かを始めようとする時

いつ始めるかがむずかしい

暑い日　寒い日

あるいは絶好の行楽日和か

しがらみの
垣根を越えて
生きるのだ

人のことは構うな
己のますますの
向上をこそ図れ

悩める男女の為に
縁結びの神がいる
あせったり嘆いたりしてはいけない
出会いの時を待つのだ

とにかく結婚はした方がいい
その人が良い人であれば
幸せになれるし
たとえ自分にとって悪い人であっても
修行ができる

苦しい時
悲しい時こそ
ユーモアを

クヨクヨするな
元気を出せよ
明日は明日の
風が吹く

著者プロフィール

クッパ 72

愛知県名古屋市出身
自称、中年演歌の星、松本清張研究家、李白・杜甫研究家
（猿の声ー李白：えんせい〈白帝城〉、杜甫：えんしょう〈登高〉）
特徴、耳が遠い、目が近い、小水が近い
（ムム、できるなお主、遠近法の使い手か）
モットーは“苦しい時、悲しい時こそユーモアを”

著書『南海トラフ巨大地震はズバリいつ起きるのか!!』
（2017 年 2 月、文芸社）

今を、そして未来を生きる人たちへ贈る30の言葉

2018年 1 月15日　初版第 1 刷発行

著　者　クッパ72
発行者　瓜谷 綱延
発行所　株式会社文芸社
〒160-0022　東京都新宿区新宿1－10－1
電話　03-5369-3060（代表）
03-5369-2299（販売）

印刷所　図書印刷株式会社

ISBN978-4-286-19142-3